Ahnenmedizin

Seelenhomöopathie

Kim Fohlenstein

heilen

berühren

lernen

Kartenset Makrokosmos

heil+kunst Verlag

Mail: verlag@heilundkunst.de
Internet: www.heilundkunst.de

Inhaltsverzeichnis

Warum wir hier auf dieser Erde sind,
das weiß man nicht als Menschenkind.
Wir versuchen Moleküle hin und her zu schieben...
und uns die Hirne zu verbiegen...
Aber es ist eben immer dieser kleine Moment,
In dem sich der Mensch im Anderen erkennt.
Dort, wo unsere Moleküle uns ähnlich sind...
Wirst du zum Himmel- und auch Erdenkind.

Kim Fohlenstein

Vorwort von Andreas Krüger

Das erschaffene Werk von Kim Fohlenstein betrachtet die Welt aus homöopathischen Augen...
Die Seelenhomöopathie ermöglicht die Idee, auch unsere ältesten Ahnen... Drachen, Greife, Einhörner...
ja selbst die Astrologie und die Kraft der Menhire, als feinstoffliche, alchemistische Heilmittel zu begreifen.

Vor 25 Jahren nahm mich mein hochverehrter spiritueller Lehrer Rabbi Zalman Schachter zur Seite und sagte:
„Jüngelchen ich hab eine Botschaft meiner Engel für dich:
Die Rettung der Welt ist nur noch auf alchimistischem Wege möglich und die Homöopathie ist die Alchimie der heutigen Zeit".
Ich kenne kein Heilsystem, welches so differenziert, so magisch, so alchimistisch verwandelnd wirken kann wie die Homöopathie.
Und ich kenne kein Gesetz wie das Ähnlichkeitsgesetz,
was uns die Welt und unser Sein und unseren Weg zum Licht zur reinen Essenz so erklärt
und uns eine Methode in die Hand gibt, diese Welt und uns selbst zu durchlichten, ganz dem Buddha-Worte nach:
„Sei dir gewahr, dass du reines Licht bist".

Merlin würde sagen, dass der neue Heiler - der Heiler für das Menschheitsmorgenland - ein merlinesker Heiler sein muss.
Ein Heiler, der ganz verwurzelt sein muss in der Mystik und der Magie der alten, aber auch ganz offen sein muss
für die Weisheiten der neuen Zeit. Antroposophisch, psychoanalytisch, Quantenphysik.
Dieser merlineske Mensch, dieser magische Mensch, dieser Schatten/Lichtmensch wird in der Lage sein, gerade heute
in der großen Zeitenwende, die Aufgaben eines Heilers zu bewerkstelligen, um die es heute geht.
Die Menschen mutig in ihren Schatten hinein zu führen und dann aus diesen Schatten hinaus ins reine Licht.

Andreas Krüger, Heilpraktiker und Schulleiter der Samuel Hahnemann-Schule Berlin, im Juli 2016

Einleitung

Grundlegend bei der Ahnenmedizin ist der Gedanke, dass wir mehr sind als nur ein Körper in einer Zeitdimension.
Vielmehr wird all unser Handeln, welchen Job wir wählen, welches Essen wir zu uns nehmen oder welche Musik wir gerne hören, mitbestimmt von unseren Ahnenfeldern, sowohl von der mütterlichen, als auch von der väterlichen Linie, bis ins ganz alte Ahnenfeld hinaus.
Die Arbeit mit dem Karten-Set ermöglicht Einsicht, wo und wie dieser Sachverhalt wirkt und dass er permanent anwesend ist.

Ziel ist es, den tieferen Sinn eines persönlichen Themas über all seine Verknüpfungen in der Zeit zu verstehen. Man kann diese Arbeit für sich selbst nutzen oder auch gemeinsam, wenn es sich um eine gemeinsame Frage oder Konflikt handelt, wie z.B. Erbstreitigkeiten etc.
Bearbeitet wird ein Thema, das gerade im Leben präsent ist. Durch das Ziehen der verschiedenen Karten erhält man als erstes drei Antworten aus der jetzigen Gegenwart.

- Wo ist bei diesem Thema die innere Freiheit blockiert?
- Wie ist das Selbstvertrauen in diesem Thema geschwächt?
- Und was hindert einen daran, sich mit all seinen persönlichen Fähigkeiten zu verbinden, um in diesem Konflikt zu handeln?

Dann öffnen wir durch das Ziehen weiterer Karten das Zeit-Tor in die Ahnenwelt.
Das weibliche Ahnenfeld liefert Antworten zur inneren Versorgungsfähigkeit und das männliche Ahnenfeld zur inneren Führungskraft in Bezug auf das Spielthema.
Der Torwächter erklärt den grössten Teil der Aufgabe.
Er steht für das alte übergeordnete Ahnenfeld und wird durch die Reptilien repräsentiert.
Die Seelenebene erlaubt den Bezug in die übergeordnete Zeit und die Wege und Prägungen unseres Unterbewusstseins. Sie berührt die Traumwelt und das magische Bewusstsein.

Durch diese verschiedenen Zeitebenen wird das Phänomen der Vielschichtigkeit und Gleichzeitigkeit plastisch sichtbar und berührt den Konflikt auf unerwartete Weise. Es entsteht ein Bewusstsein für das Potential im eigenen Ahnenfeld.

Insgesamt neun Karten werden in einem Spannungsfeld der Zeit sortiert und ergeben dadurch ein komplexes Bild der interagierenden Faktoren.

Überblick der neun Kartenthemen

Wo ist die innere Freiheit blockiert? **Freiheit**	Der blinde Fleck. Was ist nicht verbunden? **Verbundenheit**	Wie ist das Selbstvertrauen geschwächt? **Selbstvertrauen**
Wie geht es der inneren Führungskraft? **Ahnenfeld**	Einblick in den Kern des Konfliktes. **Torwächter**	Wie geht es der inneren Versorgung? **Ahnenfeld**
Der Focus der Seelenaufgabe **Seelenebene Zeit**	Die Entfaltung der Seelenaufgabe **Seelenebene Wesen**	Der Raum der Seelenaufgabe **Seelenebene Raum**

Ahnenmedizin - Grundlagen

Ein Mensch wächst als Embryo durch alle Stadien der Menschheitsentwicklung im Schnelltempo und trägt im Stammhirn diese Erfahrungen, man bezeichnet es als das „Reptiliengehirn". Diese Erfahrungsfelder stehen uns bis heute zur Verfügung als Überlebensmodus. Unsere unbewussten Erinnerungen reichen also weit zurück.
Zellbiologisch sind wir aus unseren Vorfahren gebaut. Jeder trägt „seine" Ahnen in sich, das geht gar nicht anders.
Es existiert also eine Zeitachse.
Gleichzeitig begreifen wir uns als Individuum. Jeder Mensch nimmt einen bestimmten Raum ein, den er gestaltet. In diesem Raum erlebt der Mensch seine Gefühle, die meistens sehr persönlich empfunden werden.
Wir wissen, dass jeder Mensch anders mit dem Leben umgeht. Was den einen völlig kalt lässt, bringt den anderen in große Schwierigkeiten. Warum ist das so?

Eine Erklärungsmöglichkeit bietet die Astrologie.
Der Moment unserer Geburt prägt uns das Muster der Planeten und die Energie des Tierkreiszeichens ein.
Das stimmt ja soweit auch. Trotzdem erklärt es nicht, warum nicht alle zum gleichen Zeitpunkt geborenen Menschen auch gleichartig auf das Leben reagieren.

Hier kommt jetzt die Zeitachse ins Spiel.
Alle Erfahrungen eines Lebens werden genetisch gespeichert. Gene sind keine statischen Strickmuster, sondern vielschichtig und veränderlich. Es werden eine Menge „schlafende" Informationen weitergereicht.
Aus der Kombination der Lebensumstände und den in einem Menschen vorhandenen genetischen Erinnerungen entsteht ein Individuum. Dieses Individuum ist also eine Summe von Erfahrungen, das an seinem Geburtstag obendrein eine Portion Sternenenergie bekommt.

Wenn nun irgendein Ereignis oder ein länger andauernder Zustand unerklärlich heftig erlebt wird oder gar nicht verarbeitet und beiseite gelegt werden kann, können wir annehmen, dass durch das gegenwärtige Erlebnis auch Erfahrungen der Ahnen „getriggert" werden. Auf der Zeitachse ist einmal etwas geschehen, das nicht verarbeitet werden konnte. Verarbeitung meint hier das Durchfühlen einer Situation.
Die entstandene Verdichtung und Verkrampfung durch Verlust oder Schuld oder Angst kann sich durch gründliches Wahrnehmen wieder öffnen und am Leben teilnehmen. Der gegenwärtig im Zeitstrahl lebenden Person öffnet sich ein Zuwachs an Lebendigkeit und Energie.

Seelenhomöopathie und Makrokosmos

Die Seelenhomöopathie arbeitet mit Seelenbildern

Ein Seelenbild erreicht eine Resonanzschwingung, die dem eigenen Empfinden ähnlich ist oder entsprechend den Empfindungszuständen des Ahnenfelds.

Es entsteht Berührung durch Ähnlichkeit und Resonanz.

Eine seelenhomöopathische Karte ist so feinstofflich in ihrer Information, dass sie vor allem über die kognitive Ebene das Gefühl berührt und bewegt. Hier geht es um lesen, aufnehmen und verstehen.

Hinzu kommt der ahnenmedizinische Kontext:

Die Sortierung der Zeitachsen gibt zusätzliche Informationen über das mitwirkende Ahnenfeld.
Die Gesamtheit dieses Feldes zu sehen und als solche zu begreifen ist der erste Schritt im ahnenmedizinischen Ansatz.

Wir sind mehr als ein Körper in einer Zeitdimension. Wir sind Teil eines Feldes, welches sich ständig aufeinander abstimmen muss. Die Anwesenheit der Zeit-Aspekte wahrzunehmen, die sich in der Gegenwart permanent durch Geschehnisse und Gefühle ausdrücken, ist wesentlich in der ahnenmedizinischen Arbeit.

Die neun Positionen der Karten bieten einen Einblick in die Vielschichtigkeit eines Themas. Wenn das Bewusstsein zwischen den einzelnen Positionen hin- und herzuwandern beginnt und nach Verbindungen sucht, ist der Konflikt bereits dabei, beweglicher und flexibler zu werden.
Stagnation oder Bewegungsverlust kennzeichnen einen Konflikt. Beweglichkeit und Flexiblität öffnen dem Fragenden das Tor zu neuer Wahrnehmungs- und Handlungsfähigkeit.

Man könnte die neun Bereiche als völlig getrennte Einheiten betrachten. Was hat schon ein Menhir mit einem Vogel zu tun oder ein Greif mit einer Orchidee? Das Kartenset Makrokosmos geht grundsätzlich davon aus, dass alles mit allem verbunden ist, weil es einfach existiert, so wie wir. Darüber hinaus holt es auch die Existenz der Planeten und die Gedankenkraft über mythologische Wesen als gleichwertige Teilnehmer mit ins Spiel.
Alles bewegt sich in unserem Bewusstsein. Auch ein Widerstand ist eine Form von Bewegung. Makrokosmos steht für die Größe der Ausdehnungsfähigkeit unseres Bewusstseins. Jedem Stoff kann eine Lösung innewohnen, wenn er im richtigen Abstand und der richtigen Position wahrgenommen werden kann. Er wird allein schon bildlich ein Teil vom Ganzen - ein echter Schritt zur Integration.

Freiheit - Vögel

Die Vögel haben etwas Außerordentliches geschafft: Sie überwinden die Schwerkraft und fliegen! Auch wenn einzelne Vogelarten diese Fähigkeit wieder auf-gegeben haben, ist doch das Fliegen das typischste Merkmal der Vögel. Durch diese Fähigkeit können sie Angreifern schnell entkommen und es stehen ihnen Brutplätze zur Verfügung, die für „Erdenbewohner“ nicht erreichbar sind.

Sie können „fliegen, wohin sie wollen“.

Im Vogelflug finden sich Überschwang und Begeisterung - sie fliegen auch zum Spaß. Diese Leichtigkeit hat dazu geführt, dass bei Vögeln oft ein Element von Spieltrieb und Spaß am Schmücken zu finden ist, sei es in der Ausgestaltung der Nester oder in der Prachtentfaltung des Gefieders. Die sexuelle Auswahl wird hier nicht vorrangig durch Kraft und Aggression bestimmt, sondern vielmehr durch Einfallsreichtum und Schönheit. Auch der Gesang als luftige Kunstform ist Ausdruck purer Lebensfreude und Kommunikation. Das Auge und das Sehverarbeitungsvermögen im Vogelhirn sind überdurchschnittlich entwickelt.

Teilnehmende Vögel

Anser anser	Graugans
Ara macao	Papagei
Columba palumbus	Ringeltaube
Corvus corax	Rabe
Cygnus cygnus	Singschwan
Erithacus rubecula	Rotkehlchen
Falco peregrinus	Wanderfalke
Haliaeetus leucocephalus	Weisskopfseeadler
Larus argentatus	Silbermöwe
Pavo cristatus	Pfau
Threskiornis aethiopicus	Heiliger Ibis
Tyto alba	Schleiereule

Vögel waren in allen Zivilisationen Boten der/zur Götterwelt.

Das griechische Wort „Omen“ bedeutet Vogelschau.
Das sogenannte „Zweite Gesicht“ wird auch als Rabenwissen bezeichnet. Der ägyptische Gott Thot wird mit einem Ibiskopf dargestellt, Odin hat seine Raben Hugin und Munin.

Als Grundthema erscheint überall die Freiheit:

- Sich an den Ort zu begeben, den man will.
- Sich auszudrücken durch Stimme, Farbe, Nestbau.
- Sich zu bewegen, zu tanzen, Spaß zu haben.
- Zu kommunizieren.
- Sich zurechtzufinden in der Welt, seinen Weg zu sehen.

In dieser Freiheit sind Vögel bekannt für ihre Treue zum Partner. Sie nutzen die Freiheit nicht zum „frei sein“, sondern für tiefe, echte Bindung, mit der sie die Schwierigkeiten des Lebens meistern.

Trotz aller Zartheit können Vögel auch aggressiv sein. Das süße kleine Rotkehlchen kann einen Artgenossen, der ihm ins Revier kommt, bis zum Tod attackieren.
Vögel haben scharfe Waffen, sind aber im Normalfall ruhig und friedlich. Sie übernehmen Verantwortung für Schwache und Schutzlose.

Gibt es etwas Traurigeres als einen Vogel im Käfig?

Die zwölf ausgewählten Vögel des Kartenset Makrokosmos zeigen auf, wie und wo die Freiheit in einem Problem blockiert ist. Als Mensch steht mir grundsätzlich die Freiheit zum Handeln und zur Veränderung zur Verfügung.
Warum ist man trotzdem – in bestimmten Bereichen – nicht in der Lage, eine Veränderung herbeizuführen?
Wir haben in diesem Bereich die Führungskraft verloren, die Kraft, uns selbst aus diesem Konflikt herauszuführen. Das hat immer auch mit dem Hinschauen, der „Sehkraft“ zu tun. Diese Einschränkung, diesen „Käfig“ anzuschauen braucht Mut und Kraft.

Daher stehen die Vogelkarten auch auf der Achse der Führungskraft. Hier ist eher Handeln gefragt als Fühlen.

Selbstvertrauen - Milche

Selbstvertrauen

ist die Basis für einen sicheren Umgang mit sich selbst und der Umwelt. Wir brauchen es, um das eigene Leben zu gestalten und gesteckte Ziele zu erreichen. Wer sich selbst vertraut, ist auf der sicheren Seite.

Wie wächst Selbstvertrauen? Durch Erfolg.

Wann beginnt Selbstvertrauen zu wachsen?
Spätestens mit der eigenen Geburt.
Wenn der Aufenthalt im warmen „Alles-und-Nichts“ beendet wird und ich mithelfen muss, diesen bedrohlichen Engpass zu überwinden, komme ich erschöpft und leicht lädiert in einer noch fremden Welt an. Die Belohnung heißt Muttermilch, verbunden mit Geborgenheit, Wärme, Nähe.
Der erste Schritt zu einem gesunden Selbstvertrauen ist gemacht, die erste Lebensaufgabe gemeistert.

Milch ist die Essenz dessen, was die Mutter ihrem Kind gibt. In der Milch ist alles enthalten, was das kleine Wesen braucht. Milch verschiedener Säugetiere ist von völlig anderer Zusammensetzung als menschliche Milch.
Eine Löwenmutter gibt ihren Jungen andere Immunglobuline und Hormone als eine Eselmutter oder Mäusemutter.

Teilnehmende Milche

Lac asinum	Eselmilch
Lac caninum	Hundemilch
Lac caprinum	Ziegenmilch
Lac delphinum	Delphinmilch
Lac equinum	Pferdemilch
Lac felinum	Katzenmilch
Lac leoninum	Löwenmilch
Lac loxodonta	Elefantenmilch
Lac lupinum	Wolfsmilch
Lac ovinum	Schafmilch
Lac phoca vitulina	Seerobbenmilch
Lac vaccinum	Kuhmlich

Der Vorgang des Nährens bleibt aber bei allen Säugetieren, Menschen eingeschlossen, der Gleiche.
Im Lauf seines Wachstums bekommt das kleine „Säugetier" genug Selbstvertrauen, um seine Welt zu erobern.

Normalerweise ist Milch als hochpotentes Nahrungsmittel einem erwachsenen Säugetier nicht mehr zugänglich. In kalten und kargen Perioden der Weltgeschichte sind Menschen dahin gekommen, ihr Überleben durch Milch domestizierter Tiere zu sichern. Daran haben wir uns gewöhnt. Erst langsam beginnen wir zu hinterfragen, ob diese „kindliche Abhängigkeit" bei den heutigen Ernährungsmöglichkeiten noch notwendig ist und welche Zusatzinformationen feinstofflicher Art in der Milch von Kühen enthalten sind.

Die Milch eines Wesens ist die Essenz der Mutter.
Eine Seehundmilch oder Delphinmilch wird naturgemäß mehr Bezüge zu Schwerelosigkeit und Grenzenlosigkeit haben, eine Raubtiermilch eher aggressive Themen verarbeiten, während Milch von domestizierten Tieren geprägt ist von den Lebensumständen der jeweiligen Gruppe.
Homöopathische Mittelprüfungen haben bestätigt, was wir vom Verhalten einer Spezies wissen.

Löwen sind mit Würde und Aggressivität beschäftigt, Beleidigung ist unverzeihlich und es existiert unterdrückter Hass. Für Wölfe steht das Rudel an erster Stelle, erst wenn es dem Rudel gut geht, darf es auch dem Einzelnen gut gehen. Hunde haben den Menschen zum Rudelpartner gemacht und leben in diesem Minirudel eine tiefe Treue. Sie haben aber niemals vergessen, dass man sich seinen Platz im Rudel stets neu verdienen muss.

Und so können wir bei jeder Spezies typische Verhaltensmuster finden, die sich in ihrer Milch spiegeln. Jede liefert eine andere Facette von Selbstvertrauen.

Jede bietet andere Lösungsmöglichkeiten, um das eigene Selbstvertrauen in der gestellten Frage wieder zu erlangen.

Im Fall der Milch wird diese Nahrung für die eigenen Kinder geschenkt. Deshalb sind die Milchmittel im Kartenset Makrokosmos auf der Achse der Versorgung eingeordnet.

Verbundenheit - Orchideen

Verbundenheit entsteht aus Zugehörigkeit und Vertrauen. Verbunden zu sein ist ein menschliches Grundbedürfnis.

Fehlt es an Zugehörigkeit, kann man zwar vertrauensvolle Beziehungen haben, wird aber fremd bleiben. Fehlt es an Vertrauen, entstehen gefühlsarme Zwangszugehörigkeiten.

Alles, was aus der Verbundenheit herausfällt, erfährt Leiden in irgendeiner Form. Gebrochenes Vertrauen in einer Partnerschaft oder Flucht aus der Heimat sind zwei typische Beispiele.

Man ist im Außen verbunden mit der Umwelt, im Inneren aber auch mit seinem Körper und seiner Seele. Schock und Schreck in jeder Form sind geeignet, Teile von sich selbst aus der Verbundenheit zu reißen. Bestimmte Zellverbände sind dann nicht erreichbar von guten Therapien, bevor das auslösende Ereignis wieder integriert wird.

Teilnehmende Orchideen

Brassavola acaulis	Rattenschwanz-Orchidee
Calypso bulbosa	Calypso
Cypripedium parviflorum	Kleinblütiger Frauenschuh
Dendrobium speciosum	Felsorchidee
Disa uniflora	Stolz des Tafelbergs
Encyclia cochleata	Tintenfisch-Orchidee
Orchis mascula	Stattliches Knabenkraut
Orchis simia	Affenknabenkraut
Phalaenopsis gigantea	Elefantenohr-Orchidee
Pleione bulbocodioides	Segelorchidee
Spiranthes spiralis	Herbst-Drehwurz
Vanilla planifolia	Echte Vanille

Zugehörigkeit
&
Vertrauen

Verbundenheit - Orchideen

Es entsteht Bewegungsverlust, entweder zellulär-körperlich, empathisch-seelisch oder beides. Leider hat jeder Bewegungsverlust es so an sich, mit der Zeit größer zu werden, weil die Randbereiche nicht ausreichend versorgt werden können. Entweder kümmert sich die Person um dieses Problem und begegnet dabei dem auslösenden Schmerz, oder sie lebt „drumherum", weil der Bewegungsverlust vielleicht gar nicht richtig wahrgenommen wird. Hier entstehen die Süchte. Die Sucht sucht etwas, gebraucht aber die falschen Werkzeuge.

Orchideen haben homöopathisch gesehen, die Fähigkeit, diese abgespaltenen Bereiche anzusprechen. Auf etwas, das man selbst nicht wahrnehmen kann, muss man von jemand Anderem hingewiesen werden, man braucht Hilfe von außen.

Dieses Detail wird von den Orchideen analog verwirklicht in ihrer Keimung. Die Samen der Orchideen können nur auskeimen, wenn bestimmte Pilze anwesend sind.
Diese durchdringen mit ihren Myzelfäden die Samenkapsel und ernähren den Keimling. Ahnenmedizinisch kann die Orchidee also mit ihrem jeweiligen Spezialaspekt den abgespaltenen Bewusstseinsanteil berühren und re-integrieren.

Typischerweise reagiert man auf die thematischen Inhalte der Orchideen mit Verwunderung: „Das hat ja mit mir gar nichts zu tun." Diese Reaktion ist beinahe schon ein Beweis der richtigen Wahl.
Die Orchideen präsentieren den unsichtbaren oder unangenehmen Teil des Problems. Nur über die Integration dieser getrennten Anteile kann man ein Problem wirklich lösen. Falls man ein persönliches Problem in einen großen, ahnenmedizinischen Kontext stellen möchte, führen die Orchideen direkt zum Torwächter des Themas.

Deshalb stehen die Orchideen im Kartenset Makrokosmos in der Mittelachse, der Achse der Entfaltung.

Ahnenfeld männlich - Metalle

Das männliche Ahnenfeld besteht aus allen Männern des Stammbaums und im größeren Sinn aus den Erfahrungen aller Männer des eigenen Kulturkreises.
Die vergangenen Jahrhunderte wurden im Wesentlichen von Männern gestaltet. Es wurde um Ordnungen gerungen, um Staatsformen, Ideologien, Lebensräume. Von jedem wurde und wird erwartet, dass er für „seine" Ideologie, „sein" Vaterland, „seinen" Gott und „seine" Familie auch kämpft und dafür alles gibt bis hin zum eigenen Leben. Erwartungen mussten und müssen erfüllt werden, teilweise um jeden Preis.

In den Metallen finden wir Ähnlichkeiten mit diesen Aspekten: Metalle sorgen für Struktur und Ordnung. Die zivilisatorischen Entwicklungen der Menschheit begannen mit der Verwendung von Kupfer im Übergang von der wahrscheinlich noch matriarchalen Steinzeit, es folgten die Bronzezeit und die Eisenzeit. Es ist die Entwicklungsgeschichte aller heutigen gesellschaftlichen Lebensformen.

Es ist auch eine Geschichte von Eroberungen. Dem Sieger hat sich stets alles unterzuordnen, die bisherige Ordnung zerbricht. Probleme im männlichen Ahnenfeld haben einen Bezug zu Brüchen in Struktur und Ordnung. Das Feld trägt es weiter.

Teilnehmende Metalle

Aluminium metallicum	Aluminium
Argentum metallicum	Silber
Aurum metallicum	Gold
Cuprum metallicum	Kupfer
Ferrum metallicum	Eisen
Mercurius solubilis	Quecksilber
Palladium metallicum	Palladium
Platinum metallicum	Platin
Plumbum metallicum	Blei
Stannum metallicum	Zinn
Titanium metallicum	Titan
Zincum metallicum	Zink

Ahnenfeld männlich - Metalle

Alle Arten von Misserfolg und Niederlage spielen hier eine Rolle. Auch verantwortungsloses Verhalten bricht mit der Ordnung. In der Folge gibt es niemanden, der sinnvoll führen kann.

Und immer wieder fehlen die Väter.

In einem gegebenen Problem muss nicht unbedingt der physische Vater fehlen, sondern er kann trotz seiner körperlichen Anwesenheit so stark innerlich beschäftigt sein, das er für viele Personen und Themen unerreichbar bleibt.
Es entsteht eine Leere oder eine Kompensation für die innere Erfahrung von heilsamer Führungskraft.

Die Metalle zeigen stets Aspekte dieser Brüche und die Versuche, damit umzugehen. Sucht man also in einem Konflikt den Strukturbruch, schaut man auf die Metalle.

Hier findet man Erklärungen für die Einschränkungen der inneren Führungsfähigkeit.

Der individuelle Ausdruck einer verlorenen Führungskraft ist sehr facettenreich. Das Kartenset bietet zwölf eindrückliche Varianten.
Hier ist ausdrücklich zu erwähnen, dass jedem Konflikt seine erlöste Qualität innewohnt und nach gelöster Aufgabe wieder frei werden kann.
Es geht darum, aus der Wunde das Potential zu erlösen.

Innere Führungskraft

Titanium metallicum

Titanium, Titanium nun sage mir, welche Lehre empfange ich von Dir?

Wenn du mich brauchst kommst du nicht vom Fleck,
denn die Würde deiner Führungskraft - sie ist einfach weg.

Du fühlst dich unfähig, minderwertig und ganz allein.
Alles, was du erschaffst, hältst du für zu klein.
Du bekommst Rückenschmerzen vor mangelnder Demut…
kriegst Allergien, Schulter-Arm-Syndrom und ergiesst dich in Wehmut.

In der Anerkennung der Schöpfung liegt eine tiefe Wunde und echte Verdrehung drin,
aber mit mir, dem Titanium, biegen wir das wieder hin.

Da ist ein Verlust in deiner Seele viel zu Riesen-groß
und kannst es nicht leiden, dass auch deine Kinder kommen alle aus Gaja - der Erdenmutters Schoß.
Ihr Zorn über dein Jammern war daraufhin schnell bewiesen
und sie schuf aus deinem Blut - die Titanen - zu echten Riesen.

Damit du endlich die Würde der Schöpfung erkennst
und nicht wieder in Kummer und Gejammer dein Leben verpennst.

Um dein Handeln richtig sichtbar zu machen - nahm sie dir das Gefühl deinerFührungskraft.
Du kannst nicht mehr lachen und sie wurde sichtbar… die Wunde - dein Blut - dein Saft.

Aber allein ein Tropfen deiner Wunde Blut - liess die Titanen wachsen.
Hast du sie verstanden, des Himmels- und der Erden- Achsen?

Im großen Kreislauf gibt es - den Verlust in deiner Seele nicht!
Und nun anerkenne: - die Schöpfung - die Schöpfung - sie wirkt auch durch Dich.

Ahnenfeld weiblich - Spinnen

Teilnehmende Spinnen

Aranea diadema	Kreuzspinne
Atrax robustus	Sydney-Trichternetzspinne
Lampona cylindrata	Weiss-Schwanz-Spinne
Latrodectus hasseltii	Rotrückenspinne
Latrodectus mactans	Schwarze Witwe
Loxosceles reclusa	Braune Einsiedlerspinne
Mygale lasiodora	Vogelspinne
Pholcus phalangoides	Grosse Zitterspinne
Portia fimbriata	Spinnenfressende Springspinne
Tarentula hispanica	Tarantel
Tegenaria atrica	Grosse Winkelspinne
Theridion	Feuerspinne

Das weibliche Ahnenfeld besteht aus allen Frauen des Stammbaums und im größeren Sinn aus den Erfahrungen aller Frauen des eigenen Kulturkreises.
Es existiert sogar zellulär in den Mitochondrien der Zellen.

Erfahrungen werden immer gespeichert und weitergegeben. Im Lauf der Zeiten ändern sich die Lebensumstände so sehr, dass wir auch Erfahrungen in uns tragen, die wir nicht mehr verstehen können. Es wird zur Mythologie.
Jedoch werden Erschütterungen aus geschichtlicher Zeit durchaus im Unterbewusstsein erinnert.
Was haben Frauen in den letzten Jahrhunderten erlebt? Einschränkung, Ablehnung, Schuldzuweisung. Missbrauch, Ausbeutung, Demütigung. Nur ganz langsam trauen sich Frauen wieder in ihre Kraft. Vielerorts auf der Welt ist dies auch heute noch nicht erwünscht. Konkret können wir noch nachvollziehen, was unsere Groß- und Urgroßmütter für Lebensumstände hatten. Von Selbstverwirklichung war selten die Rede. Die meisten mussten die Familie versorgen und oft noch zusätzlich Geld verdienen. Die Freiheit, die uns der Fortschritt schenkt, ist in den Körperzellen noch nicht angekommen.
Allerdings gestalten Frauen die Zwischenräume.

Ahnenfeld weiblich - Spinnen

Spinnen haben viele Ähnlichkeiten mit der Welt der Frauen.

Sie bauen das Netz – das Nest.
Sie spinnen die Seide dafür – Frauen haben schon immer Fäden gesponnen, auf mehreren Ebenen.
Spinnen töten mit Gift – das sagt man Frauen auch nach.
Spinnen haben acht Arme (nicht Beine!) – auch Frauen können viele Dinge gleichzeitig erledigen.

Ahnenmedizinisch symbolisieren die Spinnen Erfahrungen aus der Embryonalzeit und der Geburtsphase. Alles was nicht positiv umgesetzt werden konnte, zieht sich wie ein roter Faden durchs Leben der Betroffenen. Viele Fragen und Auseinandersetzungen über Abhängigkeit und Schuld prägen den Weg. Der Drang, diejenigen zu bestrafen, die man für das eigene Elend verantwortlich macht, ist immens. Oft richtet sich diese Aggression nach innen. Aber auch die Mutter steht hier oft im Zentrum des Problems sogar wenn sie selbst z.B. durch einen Unfall oder eine Not-Operation zur Betroffenen wurde.

Möchte man den Kern eines Problems verstehen, ist es sinnvoll, zu schauen, welche Empfindungen und Aufträge im weiblichen Ahnenfeld diesbezüglich schlummern.
Hier laufen die Fäden zusammen.

Innere Versorgung

Dem grossen Zyklus vertrauen

Etwas nicht loslassen zu können, kann sehr anstrengend sein.
Man könnte diesen Zustand vielleicht Stagnation nennen, weil der Fliessrhythmus unterbrochen scheint. Man könnte ihn ebenso Widerstand nennen, weil der Weltenrhythmus unermüdlich weitergeht und sich der Mensch mit etwas bereits Geschehenem nicht im Einklang befindet. Er hält an einem Ereignis fest und versucht es nachträglich mit Gedanken und der Kraft des Widerstandes zu manipulieren.

Energiestau?

Vielleicht ist Ihnen etwas Schwieriges geschehen, wodurch große Wünsche und Vertrauen auf der Strecke geblieben sind. Die Realität hat sich nicht der Wunschvorstellung untergeordnet. In diesem Moment entsteht ein Stau, der sich viele Kilometer auf der Straße des Lebens entlang ziehen kann. Dennoch birgt er ein großes – oft lange Zeit ungenutztes – Energiepotential in sich.

Doch die Bewegung der Welt lässt überhaupt nicht beeindrucken, egal, wie der Widerstand gegen das Weltgeschehen zum Ausdruck kommen mag – sei es nun durch Wut, nicht endenwollende Trauer, Sehnsucht, Ohnmacht oder beleidigt sein.
Der gutgemeinte Ratschlag: „Nun lass´ doch mal los!“ macht den Zustand oft noch schlimmer. „Ich will ja loslassen, aber es geht einfach nicht!“ könnte hier die Antwort sein.

Warum ist Loslassen manchmal so schwer? Es klingt doch so vielversprechend leicht? Solange in dem Versuch des Loslassens eine Spur des „Weghabenwollens“ enthalten ist, funktioniert es nicht. Geschehenes kann im Grunde nur integriert werden.

Zwei Ebenen gleichzeitig

In diesem Zustand der Stagnation existieren zwei Ebenen gleichzeitig.
Die eine können wir politische Ebene nennen oder die Ebene des Widerstreits, in der die verletzten Gefühle ihren Ausdruck finden. Auf dieser Ebene geht es meist um Recht, Unrecht und Schuld. Im allgemeinen finden die beteiligten Parteien ihre Verbündeten, die sie in ihrer Position unterstützen und bestärken.
Diese Ebene hat mit all ihren Gefühlsaudrücken ihre Berechtigung. Das Problem ist der entstehende Stau und das oft über Jahrzehnte, manchmal sogar über Generationen gebundene Energiepotential.
Diese Ebene ist verständlich, aber sie heilt nichts.

Dem grossen Zyklus vertrauen

Der große Zyklus

Heilung wird erst mit Eintritt in die zweite Ebene möglich, die Ebene des großen Zyklus. Der große Zyklus trägt das Geschehene an seinen Platz in der Zeit, wenn der Mensch es zulässt. Dann müssen die anstrengenden Hormon- und Neurotransmitterausschüttungen der alten Zeit nicht immer wieder in der Gegenwart verstoffwechselt werden. Der große Zyklus wertet nicht – er trägt einfach. Die Kräfte sortieren sich auf dieser Ebene für uns wie von selbst.

Menschen vergessen in Schock- und Staumomenten häufig, dass sie einfach Erdenkinder und damit wie Zellen in einem großen Zyklus sind. Zu große Gefühle gehören nicht in einen einzelnen Zellkörper eingesperrt, sie gehören in den Stoffwechselprozess des großen Organismus.

Menschen sind Gefäße für Gefühle

Bei guten Gefühlen wissen wir alle: sie kommen und gehen und sind nicht festzuhalten.
Bei schwierigen Gefühlen verhält es sich ganz genauso, sie kommen, um zu gehen. Genau hierhin gehört der Prozess des Loslassens und das Platznehmen im eigenen Körper als Erdenkind.

Es werden Hände von Mutter Erde da sein, die dich tragen, es werden die Winde von Vater Himmel deinen Geist klären.
Dem großen Zyklus zu vertrauen ist der segensreiche Beginn der Heilung.

Die Wunden, die Wunden, wir müssen sie sehen
und tief im Innern unserer Seele verstehen.
Drum lass sie wirken – die Heilung – auf der Seelen-Wunden-Fleck
und wünsch dir nicht nur die Symptome hinweg.
All dies ist weise und will mit uns sprechen
und wir wollen heilen und mit der Weisheit nicht brechen.
Kontakt ist hier das Zauberwort
und du erlangst die Erde als Heimat-Ort.

Kim Fohlenstein

Die Kraft des Vertrauens

Torwächter - Schlangen

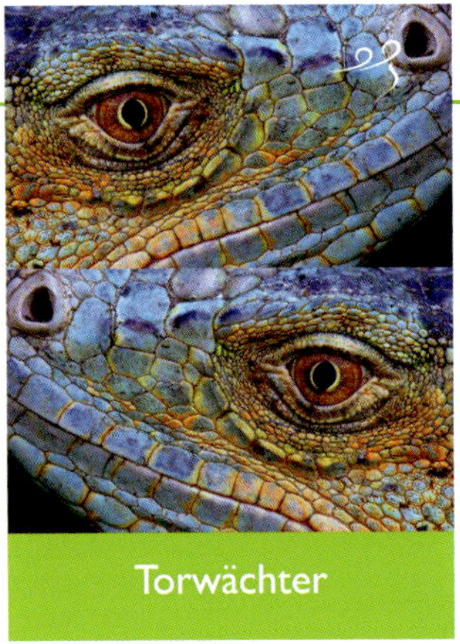

Ein Torwächter hat die Aufgabe, neutral zu prüfen, ob jemand geeignet ist, die Welt hinter dem Tor zu betreten. Er hat also Kenntnis von der Beschaffenheit der Welt hinter dem Tor.
Nicht jeder, der um Einlass bittet, ist auch in der Lage, in der Welt hinter dem Tor zu bestehen. Die Sympathien eines Torwächters gelten der Welt hinter seinem Tor, nicht denen, die um Einlass fragen.
Man muss sich also nicht um die Sympathien des Torwächters bemühen, sondern die Eigenschaften der dahinter liegenden Welten verstehen und erfüllen, um durch das Tor zu gelangen.

Der Torwächter ist aber so entgegenkommend, Auskunft zu geben über das, was noch zu überwinden oder zu verstehen ist.

Schlangen sind auf der ganzen Welt und in allen Zeiten Symbolträger für den Übergang gewesen.
Die australische Regenbogenschlange gestaltet die Traumzeit, bei den Hopi-Indianern gelten die Klapperschlangen als Götterboten, der alchymische Ouroboros erinnert an die Unendlichkeit, die Midgardschlange umspannt die Welt. Für Yoga-Praktizierende stellt die Begegnung mit der Schlangenkraft der Kundalini das zentrale Erlebnis dar.

Teilnehmende Schlangen

Boa constrictor	Abgottschlange
Bungarus fasciatus	Gebänderter Krait
Cerastes cerastes	Wüsten-Hornviper
Crotalus cascavella	Schauer-Klapperschlange
Crotalus horridus	Wald-Klapperschlange
Dendroaspis polylepis	Schwarze Mamba
Dendroaspis viridis	Grüne Mamba
Lachesis muta	Buschmeisterschlange
Naja tripudians	Kobra - Brillenschlange
Python regius	Königs-Python
Toxicophis pugnax	Wassermokassinotter
Vipera berus	Kreuzotter

Torwächter - Schlangen

Die Prüfung des Torwächters Schlange liegt in der Verdrehung. Die Dinge erscheinen ganz anders, als sie eigentlich sind. Vieles wird vergiftet oder eingezwängt. Die Aufgabe besteht darin, den Kern einer Sache trotzdem zu erkennen und den paradoxen, „vergifteten" Zustand zu lösen.

Alle Schlangen zeigen eine erhöhte Sensibilität für ihre Umgebung. Dabei sind sie – typisch für Torwächter – wenig mitfühlend, sondern eher auf sich selbst bezogen. Es gibt viele Widersprüchlichkeiten im Verhalten, die sich aus den starken animalischen Impulsen und ihrer
Verdrängung erklären. In der Schlange ist also die wahre Triebkraft versteckt, die häufig ein weniger schönes Gesicht zeigt. Positiv Ausgedrückt bleibt der Torwächter der ursprünglich gesetzen Aufgabe unwiderruflich treu.

Löst man diese Verdrehung, öffnet sich das Tor.
Dieses Tor funktioniert in jede Richtung, je nachdem, wohin man schauen will: zu den Ahnen, zur persönlichen Ebene oder zur Seelenwelt.
Darum stehen die Schlangen als Torwächter im Kartenset Makrokosmos zentral in der Mitte.

Altes Ahnenfeld

Wenn dir die Schlange begegnet

Wenn Dir die Schlange begegnet
und vom Baum der Erkenntnis Früchte anbietet...
iss - mein Kind - iss
und nun nutze Deine Zeit, um das vas vasorum
- das Gefäß der Gefäße zu finden...
Vergiss niemals, wer Deine Lehrerin war...
war - war da was?

Sie hat die Zeit verdreht... verwrungene Pfade...
es ist die Zeit der Prüfung - mein Kind
Du bist die Arznei - mein Kind

Wenn Du bereit bist zu heilen...
erreicht Dich ein Biss - ihr Biss
- ein bischen zu wenig Entschlossenheit...
und Deine Worte werden Testament.

Wenn Du bereit bist zu heilen... erreicht Dich ein Biss
und Du wirst die Milch in ihrem Gift erkennen...
und Du wirst ihr Gift wie Milch trinken
... und nun - kann Sie Deine Ahnung an Euer Alter nähren.

... die Reihenfolge war schon immer der Gegenzauber

und nun fliege - mein Kind
Du hast ihr durch die Zeit Flügel verliehen
Du bist die Arznei - mein Kind
Wenn Du bereit bist zu heilen...
und aus Deinem Fieber erwachst...
hat die Drachenzeit gerade erst begonnen.

Eile Dich nicht... niemand läßt sich gerne treiben...
Sorge Dich nicht... Du bist Teil geworden...
Suche nicht mehr, denn die Sichtbarkeit läßt
sich nicht bitten.
Bitteres Fühlen endet erst, wenn Sie kommen darf.

Und vergiss niemals, wer deine Lehrerin war...
- Wenn Du bereit bist zu heilen...
- Wenn Du bereit bist zu fliegen...
Kannst Du ihrer Einladung folgen...
ihre Tore liegen immer dazwischen
Zwischen dem, was gemeint war.
Hast Du wirklich geglaubt?
Das glaub' ich nicht.

Du bist die Arznei - mein Kind
- Wenn Du bereit bist zu heilen...
und aus Deinem Fieber erwachst...
hat die Drachenzeit gerade erst begonnen.

Und wenn Du bereit bist zu fliegen...
erschrick' nicht über die Schnelligkeit
Es ist der Flug Deiner Seele...
Sie nimmt zielsicher die Tore dazwischen
und hat niemals vergessen, wer ihre Lehrerin ist...
welches die Reihenfolge ist...
Die Reihenfolge ist immer der Gegenzauber.

Wenn Du bereit bist zu heilen - mein Kind
Erschrick' nicht über die Zeit, die Du vergeudet hast...
Dein Urteil ist unangemessen...

Du bist die Arznei - mein Kind
Wenn Du bereit bist zu sehen...
verdaut sich Dein Urteil mit den Früchten der Erkenntnis
Du hast gegessen...
Du hast vergessen
- woher Du kamst...
- und wer Du bist...
nun - mein Kind,
weil Du nicht vergessen hast, wer deine Lehrerin ist,
bist Du aus dem Fieber erwacht und die Drachenzeit hat
gerade erst begonnen...

Trinke Dein Gift..., weil es Deinem Weg ähnelt...
Trinke Deine Milch, weil sie Deine Vorstellung
von Nahrung sättigt...
Sie läßt sich niemals binden in der Zeit
- Sie hat die Zeit verwrungen

Wenn Du bereit bist zu heilen... hast du das vas vasorum
- das Gefäß der Gefäße gefunden...
- nun trink' Dein Gift - mein Kind
- und trink' Deine Milch
und erhebe Deinen Körper
denn die Tore liegen dazwischen...
und sind bereits geöffnet...
Du bist die Arznei und in ihrem Auftrag unterwegs.

Eine echte Heilung kennt den Schmerz...,
der sie geboren hat.

Kim Fohlenstein

Seelenebene - Zeit

Teilnehmende Tierkreiszeichen, stellvertretend repräsentiert durch Menhire

Fische
Jungfrau
Krebs
Löwe
Schütze
Skorpion
Steinbock
Stier
Waage
Wassermann
Widder
Zwilling

In der Seelenebene befinden wir uns in einer Ebene außerhalb des Individuums.

Die Sternbilder sind Vermittler von Lernaufgaben. Im Rahmen des Kartenset Makrokosmos gibt der Lehrmeister der Sterne einen Hinweis auf den Kern des Problems.

Zur Lösung stellen wir das bewährte osteopathische Prinzip der „Freien Richtung“ dar:
Folge der Bewegung ohne Widerstand, lerne wahrnehmen, und am Ende findet sich immer der Moment, in dem sich die Spannung auflöst, weil sie den richtigen Halt bekommt.

Menhire sind Zeittore.
Wer sich mit einem unverletzten Menhir verbindet, erfährt Zeitlosigkeit oder Zeitbeschleunigung.
Die Kommunikationswege sind in alle Richtungen möglich.

Seelenebene - Raum

In der Seelenebene befinden wir uns in einer Ebene außerhalb des Individuums.

Die Sonne und ihre Planeten sind unsere kosmische Heimat.

In dieser Heimat hat – wie in jedem System – jeder Planet seinen Platz und jeder seine Individualität.

Im Kartenset Makrokosmos interessiert uns jeweils ein Planet im Zusammenhang mit der gestellten Frage.
Die Eigenschaften dieses Planets, die ihm zugehörigen Emotionen und Energien, geben uns Auskunft über unsere innere Versorgungskraft.

Welche seelisch-emotionalen Zustände sind Teil des Themas und wie sähe eine Lösung aus?

Eventuell ist gar kein Beschäftigen mit bestimmten Themen mehr nötig, sondern bereits ein Schritt in größere Zusammenhänge. Dies repräsentiert die Wächterin des Fixsternhimmels.

Teilnehmende Planeten

Erde
Jupiter
Mars
Merkur
Mond
Neptun
Pluto
Saturn
Sonne
Uranus
Venus
Wächterin des Fixsternhimmels

Seelenebene - Wesen

Die mythologischen Wesen der Seelenebene verkörpern Geschichten. Jedes hat eine Herkunft und einen Kernkonflikt, der gelöst sein will, im Gegensatz zu den Kräften der Sternbilder und Planeten, die eher eine Darstellung von Prinzipien und abstrakten Phänomenen sind.
Das ganze Szenarium spielt sich aber in Welten ab, die nicht begrenzt sind von unserer Alltagswelt. Das Unterbewusstsein kann mit diesen Geschichten Lösungswege für sich selbst finden.

Teilnehmende Wesen

Angelus	Engel
Areion	Wunderpferd
Draco	Drache
Elf	Elb
Faun	Pan
Gryphus	Greif
Pegasus	Flügelpferd
Phönix	Aus der Asche
Pyrois	Feuerpferd
Monoceros	Einhorn
Syreni	Meerjungfrau
Zentaur	Pferdemensch

Hier finden sich nun in Kurzform die Geschichten zu den zwölf Wesen des Kartensets Makrokosmos:

1. Angelus, Engel:

Engel sind die vermittelnden Wesen zwischen Gott und den Menschen. Als solche sind sie zuständig für die Ausführung eines Plans, der höheren Ortes beschlossen wurde. Der Engel wirkt also als eine Art „Geschäftsführer".
Sofern es vorstellbar ist, dass Engel mit ihrer Aufgabe hadern, sind die in der Karte genannten Probleme wahrscheinlich.
Sowohl der Auftraggeber als auch die Betreuten befinden sich in ganz anderen Seinszuständen als der Engel.
Seine Aufgabe ist die Vermittlung, nicht die Lenkung. Die eigene Meinung steht dabei nicht zur Debatte.

2. Areion, Wunderpferd:

Das Wunderpferd Areion ist superschnell, mit Drachenflügeln ausgestattet und sprachbegabt. Es entstand aus einer Vergewaltigung. Seine Mutter Demeter war in tiefer Trauer um den Tod ihrer Tochter Persephone. Poseidon hielt das nicht davon ab, sie als Frau besitzen zu wollen. Demeter flieht und versteckt sich als Stute in einer Pferdeherde. Poseidon verwandelt sich in einen Hengst und besteigt sie trotz ihres Widerstands. Die Wesenseigenschaften des Areion erklären sich aus den Gefühlen seiner Eltern: Trauer, Überrumpelung, Flucht, aber auch Zwang und Arroganz.

3. Draco, Drache:

Drache heißt wörtlich aus dem Griechischen übersetzt „der starr Blickende“. Drachen blinzeln nicht.
Genau wie Schlangen haben sie keine Augenlider.
Ihr Körper vereinigt alle vier irdischen Elemente. Sie können fliegen, schwimmen, Feuer speien und in Erdhöhlen leben.
Der Drache kann alles und im unerlösten Zustand schafft er gar nichts.
Die Fülle der Möglichkeiten ist einfach zu viel des Guten.
Und obendrein sieht er noch nicht mal, wo es langgeht.

4. Elf, Elb:

Die Elfen werden immer schon auch Alben genannt und der Alptraum bezieht sich auf diese Zwiespältigkeit der Elfen.
Ein Alptraum entsteht nämlich – traditionell gesehen – davon, dass ein Alp, also ein Elf sich auf einen Schlafenden setzt und seinen Atem saugt. Die Mythologie kennt Lichtalben und Schwarzalben.
Man kann sie als Projektionen unseres astralen Wesens ansehen und sie sind in diesem Sinn eine Art Schwellenhüter.

5. Faun, Pan:

Faun ist unpassend, weil er halb Mensch, halb Ziege ist.
Deshalb wird er von seiner Mutter verstoßen. Er ist allein.
Sein Zeitvertreib ist die Musik (Panflöte).
Zeitweilig ergreift ihn große Zerstörungswut,
wenn seine Gefühle ihn übermannen. Dann entsteht „Pan“-ik.

Aus dem Seelenleben eines Fauns

Der Faun (auch als Pan bekannt) wurde von seiner Mutter kurz nach der Geburt aus dem Olymp verstoßen,
weil er halb als Mensch und halb als Ziege geboren wurde.

Er wurde auf der Erde ausgesetzt...
Wie anders soll er sich fühlen als heimatlos und abgelehnt?
Und wir können auch ganz leicht verstehen, dass er sich selbst die Schuld gab, weil es ja an seinem Aussehen lag.
Er hat die Pan-Flöte erfunden – auf der er Stunden um Stunden spielte, um seinen Seelenaufruhr zu beruhigen.
Wenn er es manchmal wagte, seinen wahren Gefühlen zu begegnen, geriet er in Aufruhr – raste brüllend durch den Wald
und erschreckte Menschen und Tiere. Davon leitet sich der Begriff „Panik“ ab.
Er konnte dabei dann auch die anderen Wesen beobachten, wie sie mit Schrecken umgingen.
Das war es, was seine Seele zutiefst beschäftigte – ein Schrecken, der für ihn eigentlich zu groß war.
Ein Schrecken, der Mutter und Kind trennte und gleichzeitig auf der Seelenebene auf ewig verband.

Ich denke, dass sich viele Menschen von den Gefühlen des Fauns berühren lassen können.

Diesen Berührungspunkt nenne ich Seelenhomöopathie.

Das wahre Gefühl ist so weit draußen, dass es eben kaum einen Kontakt zur Stofflichkeit mehr gibt.

6. Gryphus, Greif:

Der Greif ist ein Mischwesen, meist aus Löwenkörper und Raubvogelkopf. Im hebräischen entspricht ihm der Cherub. Stärke und Wachsamkeit zeichnen ihn aus. Er ist der Wächter des Schatzes. Leider ist er arbeitslos, wenn niemand zu den Schätzen kommt, ja sogar die Besitzer ihren Schatz vergessen haben.

7. Pegasus, Flügelpferd:

Pegasus ist das Kind von Poseidon und Medusa. Seine Geburt fällt zusammen mit der Ermordung seiner Mutter. Gewalt ist ihm in die Wiege gelegt. Er brachte dem Zeus Blitz und Donner als Geschenke. Seine Kampfkraft vereinigte er auf Anforderung mit anderen Helden. Er gewann Schlachten, die sonst keiner gewann.

8. Phönix:

Der Wiedergeborene, der aus seiner Asche neu entsteht. Im Phönix findet sich die Unsterblichkeit mit einem Dilemma behaftet. Es gibt sie nur im Wiederholungszwang.
Eine Transformation in etwas Anderes ist nicht vorgesehen. Auch zelebriert der Phönix den Todestag seines Vaters Osiris, dessen Verlust er nicht loslassen kann.

9. Pyrois, Feuerpferd:

Pyrois ist eines der vier Pferde, die den Sonnenwagen des Helios ziehen. Jedes der vier verkörpert ein Element der Erde und Pyrois als feurigstes ist das Führungspferd. Mit dem Sonnenwagen wird die Sonne als Lebensspender vom Aufgang zum Untergang gebracht, Tag für Tag.

10. Monoceros, Einhorn:
Das Einhorn steht als Symbol für „das Gute“. Sein Horn, das aus seinem geöffneten dritten Auge wächst, ist „eindeutig“ ausgerichtet in die Paradieswelt. Deshalb duldet es nur den Kontakt zu einer Jungfrau, also einer Person, die im spirituellen Sinn rein ist von Begierde und Leidenschaften. Leider ist das Einhorn sehr einsam.

11. Syreni, Meerjungfrau:
Als Wasserwesen lebt die Syreni in ihren Gefühlen. Sie begehrt das Leben als freier Mensch. In ihrem Jugendaspekt ist sie dabei darauf angewiesen, ihren Kern aufzuopfern und ihr Lebenselement aufzugeben. Jeder Schritt schmerzt und sie ist stumm. Schicksalhaft verliert sie diesen Platz wieder und kehrt zurück in ihre Wasserwelt. Von jetzt an wird sie von Rachegefühlen angestachelt und zieht unschuldige Schiffsreisende in den Tod. Kaltblütig beobachtet sie dies.
Als erlöste Meeresmutter ist sie altersweise und kann mit Gefühlen klug umgehen.

12. Zentaur, Pferdemensch:
Die Zentauren entstammen der Verbindung eines Menschenkönigs mit dem Trugbild einer Göttin. Sie werden stets als lüstern und unbeherrscht dargestellt. Einer von ihnen war jedoch anders und überragte alle anderen Zentauren: Chiron war der Lehrer der griechischen Heroen und bildete Asklepios zum Arzt aus. Nach seinem Tod setzte Zeus ihn als Sternbild Zentaur in den Himmel.

Die Ebenen

Persönliche Ebene

Ahnen-Ebene

Seelen-Ebene

Die Ebenen beschreiben drei Schichten, durch die wir die Welt wahrnehmen.

Persönliche Ebene

Die persönliche Ebene ist das eigene Leben und alles, was man darin bereits gestaltet hat oder gerade kreiert.
Alles, was entsteht, braucht dabei Versorgung und Führung, um sich entfalten zu können. In der persönlichen Ebene hat man die meiste Entscheidungsfreiheit. Mit dem, was „Ich" will, beeinflusst man alle anderen Ebenen. Als lebender Lichtträger der Ahnenreihe kann man Veränderungen herbeiführen.

Ahnen-Ebene

Die Ahnenebene entsteht in jedem Menschen aus der Verbindung von Mutterlinie und Vaterlinie. Beide bringen ihre Ahnen und deren Erfahrungen mit. Zusätzlich gibt es in dieser Ebene ein Element von Schicksal, eine Torwächterenergie.
Wir bezeichnen es als das alte Ahnenfeld. Alle Erfahrungen der Menschheit sind darin aufbewahrt. In jedem menschlichen Leben sind Teile davon präsent, jeder „strickt" an bestimmten Themen weiter. Es soll hier gar nicht von Karma gesprochen werden, sondern von Erfahrungsfeldern.
Wenn diese Aufgabe gelöst wird, beginnt die Entfaltung.

Seelen-Ebene

Die Seelenebene arbeitet mit Archetypen.
Sie sind die prägenden Energien. Unabhängig von den eigenen Geburtsarchetypen lassen sich aus den zwölf Tierkreiszeichen und den zwölf planetaren Einflüssen Reaktionsmuster ableiten, die ein ganz bestimmtes Licht auf eine Frage werfen. Im Hinblick auf das Problem, welches gerade bearbeitet wird, bekommt man einen Einblick und einen Lösungsvorschlag von übergeordneter Bedeutung. In den mythologischen Wesen haben wir Identifikationsmöglichkeiten. Teile eines unerlösten Zustands werden lebendig präsentiert.

Die Achsen

F **Führung**
- Innere Führungskraft
- Fokus
- Richtung

E **Entfaltung**
- Selbst
- Kreativität
- Charakter

V **Versorgung**
- Innere Versorgung
- Nahrung
- Raum

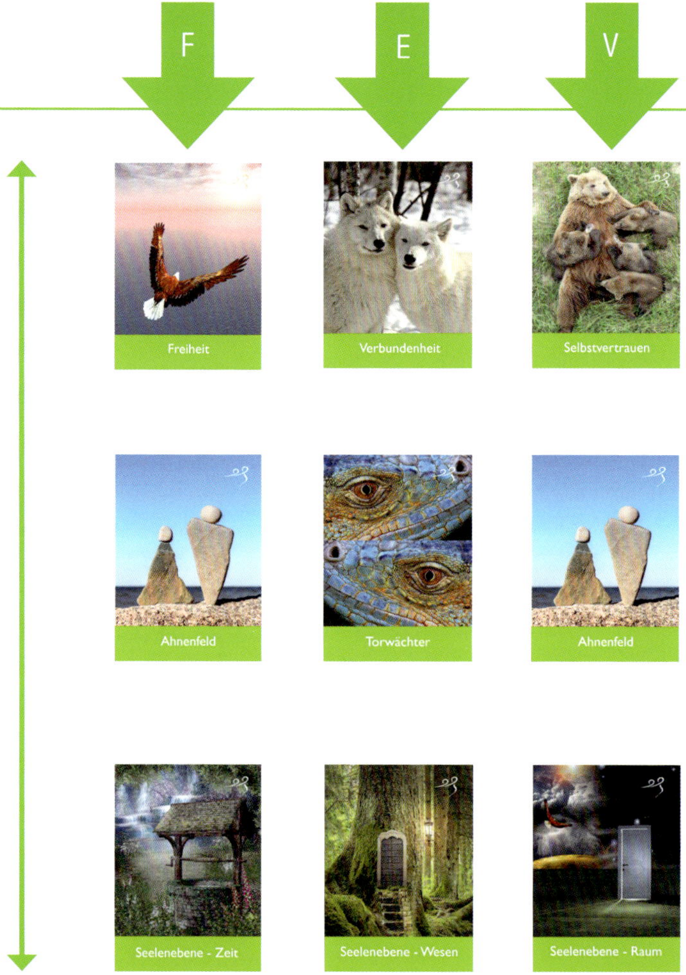

Die Achsen beschreiben drei Zustände, die jeder Schöpfung zugrunde liegen

Die rechte und linke Längsachse:
Sie sind geprägt von den zwei Grundprinzipien dieser Welt. Sie sollen ganz bewusst nicht weiblich und männlich genannt werden, weil die Assoziationen dazu oft in Sackgassen landen. Auch Yin und Yang sind für Europäer wenig aussagekräftig. Daher bezeichnen wir hier die zwei Grundprinzipien mit **Versorgung** und **Führung**. Beide sind gleich wichtig und stehen Frauen und Männern gleichermaßen zur Verfügung.
Die Mittelachse:
Noch wichtiger ist aber das Prinzip der **Entfaltung**, welches sich aus der Verbindung von Versorgung und Führung ergibt. Alles, was entsteht, will sich auch entfalten.

Die Achse der Versorgung beginnt mit dem Selbstvertrauen, welches durch die erste Nahrung Milch genährt wird. In der Ahnenebene liegt dieser Zustand in dem Nest, welches die Mutter baut, und das Ganze ist eingebettet in den kosmischen Raum, der unsere Sonne umkreist. Dieser Raum repräsentiert eine Art - kosmische Gebärmutter.

Die Achse der Führung beginnt mit der Freiheit. Nur wer und was sich frei fühlt (wie ein Vogel), kann wachsen und etwas in dieser Welt bewegen. Dann ist man bereit, sich von den Erfahrungen der Ahnen führen zu lassen. Dafür bekommen wir aus der Seelenebene der Sterne komplexe Bilder.

Die Achse der Entfaltung beginnt mit der Verbindung zweier zuvor fremder Wesen oder Zustände. Mit jeder Neuschöpfung ist auch ein Auftrag verbunden: Lebe und wirke. Um sich dreidimensional vollständig entfalten zu können, muss jede Schöpfung „den Torwächter passieren“, weil die Einflüsse der Seelenwelt ununterbrochen anwesend sind. Diese Einflüsse erreichen die Entfaltung über den Torwächter.
Solange man vor den Inhalten des Torwächters zurückschreckt, kann man die volle Entfaltung nicht erreichen. Man beginnt zu träumen, wie es wäre, wenn. Es entstehen unterbewusste Vorbilder und Sehnsuchtsprojektionen, hier repräsentiert durch die mythologischen Wesen. In diesem Zustand kann die Seelenebene nur die Phantasie beflügeln (!), einen echten Kontakt mit nachfolgender Entfaltung wird es erst geben können, wenn man den Mut hat, den Torwächter des Problems zu erlösen.

Umgang mit den Karten

Anser anser
Graugans

- Freiheit ist nur durch Ordnung möglich
- Sucht immer nach einem vertrauten Gänsemarsch
- Gruppe als Identitäts-Spiegel
- Zwischen Führer und Aussenseiter
- Selbstvertrauen nur durch die Gruppe
- Vertrauensentzug durch die Gruppe löst echte Panik aus
- Flugangst - Sehschwäche - Schuldgefühle
- Schuldgefühle stauen sich im Nacken

Lösungsweg:

Du bist ein Menschenkind und gehörst dazu.
Lerne, dir selbst zu vertrauen.
Deine Angst, verloren zu gehen, ist archaisch.
Nimm sie wahr, aber lasse sie auch ziehen.

Die Aussagen der Karten geben verschiedene unerlöste Zustände des jeweiligen Objekts wieder. Jede Karte bietet außerdem einen passenden Lösungsweg an.

Alle Aussagen der Persönlichen Ebene und der Ahnen-Ebene sind Ergebnisse meiner Auswahl seelen-homöopathischer Empfindungen in Bezug auf ahnenmedizinische Grundlagen. Die Aussagen der Seelen-Ebene beruhen entsprechend auf astrologischen und mythologischen Erkenntnissen.

Im Sinne des gewählten Themas sucht man nun nach Hinweisen. Spannend wird es bei der Zusammenschau aller Aussagen.

Die Kunst besteht darin, die einzelnen Aussagen in das entsprechende Ausgangsthema hineinzuarbeiten. Dafür ist es bei einzelnen Zeilen wichtig, die Aussage im „übertragenen Sinn“ zu begreifen.
So meint z.B. die Aussage „Sehschwäche“ nicht, dass die fragestellende Person Augenprobleme hat, sondern dass sie vielleicht in ihrem Thema nichts sehen kann oder einfach keinen Überblick hat.

Das Ahnenfeld begreifen

Wenn eine Karte aus dem Ahnenfeld gezogen wird und man durch die entsprechende Aussage berührt wird, ist es wichtig zu verstehen, dass die Aussage nicht auf der persönlichen Ebene berührt, sondern es sich um eine Resonanz aus dem Ahnenfeld handelt.
Für Ahnenfelder kann man ja erstmal nichts. Es ist eine Energie, die man mitbringt und mit der man sich auseinandersetzen kann.

Den Pfad zum Thema aufspüren

Um konstruktiv mit den Karten arbeiten zu können, macht es Sinn, grundsätzlich davon auszugehen, dass alles, was auf den Karten steht, auch etwas mit dem Thema zu tun hat.
Wenn das nicht in Frage gestellt wird, beginnt eine spannende Suche. Die Begegnung mit den Aussagen wird so viel konkreter.

Natürlich darf man niemals vergessen, dass es sich um ein Spiel mit verschiedenen Zeitebenen handelt.
Themen aus dem Ahnenfeld berühren manchmal nur ganz zart und weit draußen. Das reicht auch für die eigene Wahrnehmung. Es ist da und hat seinen Platz und seine Wirkung.

Die ein oder andere Verbindung zu einer bestimmten Aussage wird eventuell erst ein paar Tage später bewusst.

Es ist auch hilfreich, zu zweit zu spielen, weil man ja brisante Stellen manchmal übersieht ;-)

Bei einigen Karten gibt es Aussagen zur Ursache des Empfindungszustands. Diese Ursachen beruhen auf Praxiserfahrung oder im Falle von z. B. Areion auf überlieferten Sagen.
Diese Ursachen können im eigenen Konflikt eventuell zutreffen und sich vielleicht im Familiensystem so ereignet haben. Es ist aber weder wichtig noch so gemeint.

Die Seelenhomöopathie arbeitet mit Seelenbildern. Ein Seelenbild erreicht eine Resonanzschwingung, die dem eigenen Empfinden ähnlich ist oder entsprechend den Empfindungszuständen des Ahnenfelds. Die Aussagen der Karten sind also nicht als konkrete Ereignisse zu betrachten, sondern es entsteht Berührung durch Ähnlichkeit und Resonanz.

Legeanleitungen

Es gibt neun Themenbereiche mit je zwölf Karten, die zum Entdecken jeweils erstmal einzeln genutzt werden können.

Man wählt eine persönliche Frage aus, entscheidet sich intuitiv für einen Stapel und zieht daraus eine Karte.
Das ist einfach, vertraut und funktioniert.

Um in den Kern der Ahnenmedizin vorzudringen, ist es wichtig, ein Spannungsfeld durch die verschiedenen Ebenen und Achsen aufzubauen. Zum Kennenlernen ist es möglich, z. B. nur eine einzelne Achse zu legen oder sich nur eine Ebene anzuschauen.

Das Ziel ist, mit neun Karten aus allen drei Ebenen ein Gesamtbild des Themas zu erstellen, um so durch die sichtbar werdende Gleichzeitigkeit und Vielschichtigkeit ein tiefes Verständnis für das Ausgangsthema zu bekommen.

Beliebte und erprobte Legevarianten sind im Folgenden jeweils kurz erläutert.
Ansonsten darf man natürlich kreativ sein und eigene Varianten entwickeln.
Ich wünsche damit viel Spaß und Erfolg!

Nahrung und Torwächter

1. Selbstvertrauen
Wo ist in der gestellten Frage das Selbstvertrauen geschwächt?

2. Torwächter
Was ist die Ursache für das geschwächte Selbstvertrauen?

Es werden je eine Karte aus den Bereichen Selbstvertrauen und Torwächter gezogen.
So bekommt man eine schnelle Antwort.

Freiheit und Seelenauftrag

1. Freiheit

Wo ist in der gestellten Frage die Freiheit eingeschränkt?

2. Seelenebene-Wesen

Was ist die Ursache für die eingeschränkte Freiheit?

Es werden je eine Karte aus den Bereichen Freiheit und Seelenebene-Wesen gezogen.
So bekommt man eine schnelle Antwort.

Die bewährten Fünf
Rund um das Selbstvertrauen

1. Eine Karte zum Thema Freiheit
2.+3. Zwei Karten aus den vorher durchmischten Ahnenfeldern (hier wird es spannend, wenn z.B. zwei Metalle gezogen werden und die Versorgung völlig fehlt, oder umgekehrt)
4. Eine Karte zum Torwächter - der Knackpunkt
5. Eine Karte zum Selbstvertrauen

Triangel der Seelenebene

1.

Klärt die Beziehung zwischen Fragendem und zwei Personen oder Sachverhalten.
Es werden je eine Karte aus jeder Kategorie der Seelenebene gezogen.
Man legt die Karten noch verdeckt und ordnet sie den teilnehmenden Personen/Sachverhalten zu.
Nun kann man sie (nacheinander) anschauen und das Thema bearbeiten.

2.

Anschließend zieht man eine Karte aus der Kategorie Verbundenheit.
Diese Inhalte gilt es zu integrieren.

Die Grosse Variante
Die Neun - komplett

Das Finale

Alle Gruppen werden sortiert und jeweils einzeln gemischt. Anschließend wird aus jedem Stapel eine Karte gezogen.
Die Karten werden noch mit der Rückseite in ihre korrekte Position der Ebenen und Achsen gelegt, wie auf der Ansicht. Die männlichen und weiblichen Ahnenfeldkarten haben die gleiche Rückseite, das bietet die Möglichkeit, sie auch miteinander zu durchmischen. Für den Anfang ist es einfacher, sie zu trennen.
Nun können die Karten nacheinander angeschaut und bezüglich des Themas bearbeitet werden. Da die Verbundenheit den Teil repräsentiert, der abgekapselt und unbewusst ist, bietet es sich an, diese zum Schluss anzuschauen.

Drei-Tages-Variante

Da jede einzelne Karte sehr viel Aussagekraft enthält und es entsprechend lange dauert, sich damit ausführlich zu beschäftigen, ist die Drei-Tage-Variante eine gute Möglichkeit, allen neun Positionen Raum zu geben und eine Große Legung angemessen in den Alltag zu integrieren.

Die Ebenen

1. Tag = Persönliche Ebene
2. Tag = Ahnen-Ebene
3. Tag = Seelen-Ebene

Die Reihenfolge kann beliebig und intuitiv geändert werden. Manchmal ist es besser, mit der Seelenebene zu starten.

Die Ebenen und die Achsen sind auf den Seiten 36 - 39 ausführlich beschrieben.

Die Achsen

1. Tag = Achse der Entfaltung
2. Tag = Achse der Führungskraft
3. Tag = Achse der Versorgung

Für die Profis
Alle Neune im Spiel mit der Zeit

Diese Variante ist erst geeignet, wenn man sich mit dem Set schon ein wenig vertraut gemacht hat.
Die Bedeutung der Positionen sollte geläufig sein, damit man die Verdrehungen der Zeit darin entdecken kann:
Man mischt alle Karten des **gesamten** Sets kreuz und quer durcheinander und zieht mit verdeckten Augen neun Karten.
Man legt diese Karten mit weiterhin verdeckten Augen in die vorgesehenen neun Positionen.

1. Erläuterung der Karten nach ihren ursprünglichen Positionen.
2. Erläuterung der Karten in Bezug zu ihrer jetzt gelegten Postion.
3. Vergleich der Positionen - Beschäftigung mit den Verhältnissen.

Autorin, Künstler und Quellen

Die Autorin

Kim Fohlenstein - Heilpraktikerin
ist geboren und aufgewachsen in Berlin.

Schulleitung und Lehrerin der heil+kunst Heilpraktikerschule Darmstadt. In ihrer 15 jährigen Praxis- und Lehrerfahrung ist sie unermüdlich dem Phänomen der Zeit - als Schlüssel für eine ganzheitliche Medizin - auf der Spur geblieben. Der ahnenmedizinische Kontext ist für sie beruflich wie privat der Lehrpfad ihrer Wahl.

Weiterbildung zur Ahnenmedizin bei heil+kunst:

- Die Arbeit mit dem Kartenset - Seminare
- Ahnenmedizinische Homöopathie-Ausbildung
- Ahnenmedizin und Organ-e-motion - Ausbildung
- Ahnenmedizinische Einzelsitzungen

Idee und Gestaltung
Kim Fohlenstein

Text der Karten
Kim Fohlenstein

Text - Begleitheft
Kim Fohlenstein und Felicitas Quelle

Spezielle Quellen:

- Homöopathie-Vorträge der heil+kunst Heilpraktikerschule Darmstadt 2005-2015
- Homöopathie-Aufstellungen der heil+kunst Heilpraktikerschule Darmstadt 2005-2015
- Ahnenmedizinische-Aufstellungen der heil+kunst Heilpraktikerschule Darmstadt 2005-15
- Seminar: Schlangengift und Milch der heil+kunst Heilpraktikerschule Darmstadt 2011
- Seminar: Schlangengift und Milch der heil+kunst Heilpraktikerschule Darmstadt 2013
- Seminar: Vögel, Spinnen und Metalle der heil+kunst Heilpraktikerschule Darmstadt 2014
- Seminare zur Ahnenmedizin der heil+kunst Heilpraktikerschule Darmstadt 2010-2015
- Vorträge zur Ahnenmedizin der heil+kunst Heilpraktikerschule Darmstadt 2010-2015

Textquellen:

- Skript der Homöopathie-Ausbildung der heil+kunst Heilpraktikerschule Darmstadt
- Symbolische Materia medica, Martin Bomhardt, Verlag Homöopathie+Symbol 1999
- Peter Fraser, Schlangen, Narayana-Verlag 2012
- Peter Fraser, Spinnen, Narayana-Verlag 2012
- Peter Fraser, Vögel, Narayana-Verlag 2013
- Louis Klein, Orchideen, Narayana-Verlag 2015
- Mia Leene, Die Heilkunst der Götter, Verlag Zeitenwende 2007

Alle Bücher kann ich zutiefst weiterempfehlen als Zusatz-Lektüre.

Bilder und Fotos

Alle Bilder und Fotos sind mit erweiterten Verkaufslizenzen erworben.

Drache+S.4,9 - Artali
Faun-Pan+S.32 - Artali
Zentaur - Artali
Areion - Chris Wagner
Portrait - Klaus Holitzka
Anser anser+S.40 - Kim Fohlenstein
Larus argentatus - Kim Fohlenstein
Wassermann+S.28 - Kim Fohlenstein
Jungfrau - Felicitas Quelle
Waage+S.2 - Felicitas Quelle
Zwilling - Felicitas Quelle

Shutterstock

Titelbild von Michael Rosskothen
Freiheit+S.10,36,38,43-45 Michael Rosskothen
Orchis mascula – Raymond Llewellyn
Dendrobium speciosum – Paul Atkinson
Spiranthes – Cosmin Manci
Cypripedium – Hjochen
Encyclia – Freya-photographer
Calypso+S. 15 – Todd Boland
Pluto – Vadim Sadovski
Mond – Anatolil Vasilev
Merkur – Vadim Sadowski
Venus – NASA Images
Wächterin des Fixsternhimmels+S.29 – Xavier Fargas
Mars – Vadim Sadovski
Uranus – Vadim Sadovski
Saturn – Vadim Sadovski
Theridion – Henrik Larsson
Mygale – Geza Farkas
Latrodectus mactans – Jay Ondreicka
Tarentula hispanica – Brian Maudsley
Atrax robustus – James van den Broek
Cuprum – lassedesignen
Mercurius – ER_09
Lac lupinum - Holly Kuchera,
Lac ovinum+S.22 - Katarzyna Mazurowska
Lac vaccinum – Ben Schonewille
Lac equinum – Pictureguy
Lac caprinum – Esin Deniz
Lac asinum – Dennis Jacobsen
Lac leoninum – Dave Pusey
Lac loxodonta – Zhukova Valentyna
Lac delphinum+S.23 – Vkilikov
Lac phoca – Nicram Sabod
Lac felinum – Irina Kozorog
Lac caninum – cynoclub
Corvus corax – Hristo Peshev
Crotalus horridus – ESB Essentials
Phönix – Fotokostic
Pegasus – Catmando
Pyrois – Ellerslie
Monoceros – Catmando
Verbundenheit+S.14,36,38,44,45 – Pictureguy
Brunnen+S.28,36,38,43-45 - Unholy Vault Designs
Das Baumtor+S.30,36,38,43-45 – Carlos Amarillo
Torwächter+S.24,36,38,42-45 – TessarTheTegu
Ahnenfeld+S.16,20,36,38,43-45 – Anatoli Styf
Selbstvertrauen+S.12,36,38,42-45 – ricochet64

Fotolia

Steinbock – EinBlick
Stier – olafgunnarson
Löwe – jeafish
Fische – Imunoz
Krebs+S.4 – jeafish
Skorpion – Vincent
Orchis simia – mdalla
Brassavola acaulis – photosite
Disa – Alex Bond-Smith
Pleione – C.Plischek
Phalaenopsis – siagor
Vanilla – Aniko G. Enderle
Neptun – mode_list
Jupiter – mode_list
Terra – maciek905
Latrodectus hasseltii - feathercollector
Tegenaria atrica – Marek R. Swadzba
Pholcus phalangoides – Gucio_55
Aranea diadema+S.21- Weltenspiegel
Elfe – fluenta
Angelus – cranach
Syreni+S.35 – AlenaLazareva
Gryphus+S.34 – gekata1989
Plumbum – tom_nulens
Platinum – julijacernjaka
Stannum – adimas
Zincum – pathdoc
Argentum – korionov
Aurum – Dieter Hawlan
Toxicophis pugnax+S.25 – Coy St. Clair
Crotalus cascavella – bitis.de
Vipera berus+S.25 – bennytrapp
Dendroaspis polylepis – mgkuijpers
Dendroaspis viridis+S.26 – corky46
Lachesis – mgkuijpers
Tor mit Adler+S.29,36,38,43-45 – rolffimages

Envato

Schütze – photollurg
Widder – Tonygers
Sonne – Igorkovalchuk
Loxosceles – lkpro
Lampona – MojojojoFoto
Portia – Panxunbin
Palladium – cherezoff
Alumina – focalsource
Titanium+S.18 – outsiderzone
Ferrum – alessandroguerriero
Tyto alba – Mshake
Falco – ca2hill
Columba – CreativeNature_nl
Threskiornis – byrdyak
Cygnus – DennisJacobsen
Ara – nikonite
Pavo – muhaa
Erithacus – stockphotoastur
Haliaeetus – manfredxy
Python – Lifeonwhite
Boa constrictor – membio
Naja tripudians – AlinaMD
Bungarus – ArtemFurman
Cerastes – Kirill_M

Einen schönen Dank

an alle Künstler, deren Bilder an unserem Kartenset teilnehmen!
Sie bereichern es wirklich sehr.

Ahnenmedizin • Seelenhomöopathie • Kartenset Makrokosmos

heil+kunst verlag

...weil's ums Ganze geht!

heil+kunst Verlag
Eberstädter Strasse 31
64367 Mühltal
Tel: 06151-60 17 900
email:verlag@heilundkunst.de

ISBN: 978-3-946812-00-5

heilundkunst.de